心にひびく安全心得

失敗から学ぶ安全

山岡 和寿 著

中央労働災害防止協会

まえがき

この度は本書を手にしていただき、また、貴重な時間をいただけることに感謝申し上げます。
私は二〇二〇（令和二）年三月に中央労働災害防止協会（中災防）を退職し、その後、微力ではありますが中災防安全衛生エキスパートとして〝働く人の命を守る情報〟の発信を計画していました。しかし、新型コロナウイルスが猛威を振るい、多くのお客様は講演会などの情報収集の場を持つことが困難になってしまいました。そこで、講演会が持てないなら、講演内容を活字で提供させていただくこととしました。十四ページにあるレジュメに従ってお話しさせていただいた講演です。

何でもそうですが、目的を達成するには手段が必要です。企業が利益を出し社会貢献して目的を達成しようとするなら、そこで働く人たちが元気であることが絶対条件です。したがって安全確保は企業経営の重要な手段の一つになります。中災防発行の『職長の安全衛生テキスト』に、労働災害を防止するには「知らなかったら知識教育を行い、できなかったら技能教育を行い、やらなかったら態度教育を行うことが必要」である旨の記載があります。このことを「具体的に日常業務へ応用し・・、活用するには・・」が課題であるとのお話しを伺うことがありますが、レジュメの中のプロの仕事とプロの道具にヒントが隠されているように思います。実は私も多くの失敗をしており、「本当はこうするのだが、今までケガしたことはないし・・、滅多にないチャンスなので・・、こんな簡単なことを・・」が背景にありました。先輩や仲間が命を懸けて作った約束事である関係法令、社内規則、経験則などのルールを遵守し、教育で知識を付け、付けた知識を訓練で出来るようにし、出来るようになったことを実践で活用するために練習し、初めて日々の業務が安全に出来るのです。

しかし、人間は失敗する動物で、どんな簡単な仕事でもみんな命を懸けてやっているのです。命を守る最後の砦として、「自問自答カード一人ＫＹＴ」を活用していただければ幸いです。また、やるべきことの見落としはないか、間違いなく実行されているかを確かめる方法として、指差し呼称でのダブルチェックが有効と考えます。

労働災害防止活動で「管理」という単語を用いますが、手元の資料では管理をすればパフォーマンスが維持または向上するとなっています。大雨の中で学んだ「ルールを守る管理、危険を管理、危機管理」を三つの管理として考えるようになったことをご紹介します。また、労働災害の原因の一つに、コミュニケーション不足があるとも言われています。これにはボタンの掛け違いでコミュニケーションが取れなくなり心の健康が確保できなくなった事例と、コミュニケーションは取れていても、安全確保の情報が「注意、気を付ける」の言葉のみだったため、結果として安全確保の情報が不足してしまった事例を取り上げました。

詳細は本文をご覧下さい。　「ご安全に！」

二〇二〇年十月

山岡和寿

目　次

プロローグ

朝礼

ピンポ～ン～♪♪　パンポ～ン～♪♪
「ご安全に！　安全衛生室からのお知らせです。朝礼十分前になりました。本日、六月一日より全国安全週間の準備期間がスタートし、来月一日には安全週間が始まります。わが社では中央労働災害防止協会（中災防）が提唱している〝三旗掲げかえ運動〟に参加していますので、ご協力下さいますようお願いします」
ピンポ～ン～♪♪　パンポ～ン～♪♪
「以上、安全衛生室からのお知らせでした」

この館内放送を一人の新入社員と一緒に聞いていた主任のAさんは、

「君、〝三旗掲げかえ運動〟って知っているかい？」

「初めて聞きます」

「じゃあ、今朝の朝礼で話があるので、よく聞いておいて下さい」

「はい、わかりました」


いつも通り、八時から工場前で朝礼が始まりました。

工場は東西に長く、工場南側に隣接して出荷場が設けられた配置となっており、朝礼は毎朝この出荷場のスペースを利用して、工場が建てられた十年前から行われています。

さかのぼること十年、この工場新設後の第一回の記念すべき朝礼は、雲で時々太陽が遮られながらも、穏やかな日差しのもと、工場長の挨拶から始まりました。工場長が朝礼台に上がってみんなの方を見ると、何故か、下を向いている人、右手を額に当てている人、顔は下を向き上目づかいで工場長の方を見ている…人がいました。ところが雲で太陽が隠れると、全員の顔が上がり、視線が工場長に注がれました。

「皆様、ご安全に！」

「ご安全に！」

「本日より、工場が本格稼働します。今朝の朝礼は記念すべき第一回の朝礼で、幸いにも天気にも恵まれ…私たちはこの地において…」

と話し始めると、祝福するかのように、再び太陽を遮っていた雲がなくなりました。工場長は

「我々を祝福してくれているように太陽が顔を出し…」

と言おうとみんなの顔を見ました。が再び、下を向いている人、右手を額に当てる人、顔は下を向き上目づかいで工場長を見る人の集団になっていました。それを見た工場長は、

「そうか、みんな眩しいのか」

そう気づいた工場長の行動は素早いものでした。

「新設工場ゆえの問題点もあろうかとも思います。はじめにリスクアセスメントなどの手法

を使って、積極的に改善を行いましょう。ところで皆さん少し待って下さい。早速気づいたことをやってみたいと思います」

そして総務課長を呼び、

「みんな眩しそうなので、朝礼台を反対の西側に移動して下さい」と指示したのです。

「はい、わかりました」

と言って課長は最前列の四人に朝礼台の移動を頼むと、

「工場長、ＫＹ（危険予知）をやりたいので、三分間だけ時間を下さい」と了解を求め、リーダー主導で行うワンポイントＫＹで、チーム行動目標を「朝礼台を持ち上げる時と運ぶ時は、リーダーの合図に従って持ち上げて運ぼう　ヨシ！」に決め、リーダーの「せーのっ！」「イチ、ニ、イチ、ニ、ヨシ！」の合図に従って移動を完了させたのです。

その後、課長は全員を約三ｍ東側に前進させ、西に移動させた朝礼台上で〝回れ右〟の号令を掛け、朝礼台に向かせました。

工場長は、

「これでみなさんは眩しくありませんね。これも環境改善の一つです」

最後に、

「隣では長年お世話になった旧工場の解体作業が始まるので、立ち入り禁止区域は、人も車両も入らないで下さい」

を付け加えることも忘れませんでした。

これで、出席者全員が工場長の方に顔を向け、話に耳を傾けることができるようになったうえ、自分の体の前に日陰ができるので、メモを取るのに好都合にもなりました。

第一回の記念すべき朝礼で工場長が言った、

①〝地域社会の発展、地域社会の貢献のため〞を理念とし、本日より工場を稼働させること

②目的は〝良い物を、安く、早く〞お客様に提供することとすること

③目的を達成する手段は、安全第一であること

は、〝方針〞〝目的〞〝手段〞として、十年後の今も継続されています。

三旗掲げかえ運動

そして工場長は、

「先ほど安全衛生室からお知らせがあったように、我が社は中災防が提唱している〝三旗掲げかえ運動〞に参加しています」

と言って、〝三旗掲げかえ運動〞の説明をしました。その概要は以下の通りでした。

三旗掲げかえ運動〞とは、中災防の中国四国安全衛生サービスセンター（中四国センター・広島市）が、中国四国九県の労働基準協会（連合会）の協力を得て始めた運動で、日本中の会社で安全週間準備期間および安全週間は〝安全旗〞、労働衛生週間および準備期間は〝労働衛生旗〞、

それ以外の期間は〝安全衛生旗〟を掲げることで、安全衛生の見える化の一手法にし、労働災害防止を図ることを目的としたものです。

朝礼が終わり、作業場に向かいながら主任は新入社員の部下に、

「〝三旗掲げかえ運動〟ってわかったかい」

「わかりましたが、今朝の朝礼はいつもより長かったですね」

「全国安全週間準備期間初日の六月一日と全国労働衛生週間準備期間初日の九月一日は大切だからね」

「そうですね」

「職場に帰ったらTBM（ツール・ボックス・ミーティング）で〝三旗掲げかえ運動〟についてもう一度話すから…」

「また、同じ話…ですか？……」

「違う、違う。私のは、この運動を始めた中災防中四国センターの所長から聞いた話です」

職場に着くと、早速TBMが始まりました。

主任の話の概要は、

① 三旗（安全旗・労働衛生旗・安全衛生旗）はあったが、その活用方法が紹介されたものはなかったので、三旗の活用方法とそのシステム化で労働災害を減らしたい

② GSC（JISHAグッド・セーフティ・カンパニー）、OSHMS、ISOなど労働災

害防止活動のシステム化に三旗の掲げかえ運動を組み込むことで、労働災害を減らしたい

③　定年延長による高年齢化が進んでいることから、ベテランに対して安全衛生を再認識してもらうことで、労働災害を減らしたい

④　悲惨な労働災害を撲滅するには、就職して初めて安全衛生を勉強するのではなく、子供の時から安全に興味を持ってもらうことで、労働災害を減らしたい

⑤　自宅で子供たちが、「お父さん、お母さん、あの会社の旗が替わったけど、何でなの？」、学校で子供たちが「先生、あの会社の旗が替わったね、何でなの？」、お父さん、お母さん、先生が「それはね…」。こんな会話ができる社会を作ることで、労働災害を減らしたい

⑥　会社で新入社員は、「お父さん、お母さんに教えてもらったことがある」、「学校で先生に教えてもらったことがある」の会話が聞こえる会社にすることで、労働災害を減らしたいでした。

こうして、今年も安全週間準備期間がスタートしました。

※巻末に〝三旗（安全旗、労働衛生旗、安全衛生旗）掲げかえ運動の協力のお願い〟を示します。参考にして下さい。

1　講演会スタート

　ピンポ～ン～♪♪　パンポ～ン～♪♪
「ご安全に！　安全衛生室からのお知らせです。本日は六月〇日、我が社の〝安全の日〟です。予定通り十三時から食堂で講演会を行います。今年の講演は〝失敗から学ぶ安全〟と題して、中災防から講師をお招きしています。皆さんの出席をお待ちしています」
　ピンポ～ン～♪♪　パンポ～ン～♪♪
「以上、安全衛生室からのお知らせでした」

　二十年前の六月〇日、今は解体されている旧工場で死亡災害が発生し、それ以後、この日を〝安全の日〟と定め、工場全員三百五十人を社員食堂に集めて、毎年講演会が行われています。

　受付でレジュメ（次頁）が渡され、前から順次席が埋まり、安全衛生室の司会で講師が紹介され、今年の講演会が始まりました。

「ご安全に！」と演者、それを受けて出席者からも「ご安全に！」、演者が「安全は人類の永遠の願いである」と話し始めました。

(1)　三旗掲げかえ運動

　御社では平成二十一年より本運動にご参加いただき、感謝申し上げます。今後も本運動を通

・・・「失敗から学ぶ安全」レジュメ・・・

中央労働災害防止協会
安全衛生エキスパート
山岡和寿

1）講演会スタート

① 三旗掲げかえ運動
② プロの領域
③ プロの仕事とプロの道具
④ 赤ちゃん・子供・社会人
（表１参照）

あなたは、カーテンを取り外そうとしている
不安全な状態：窓が開いていたので
不安全な行動：カーテンをはずそうとして、
事故の型　　：開いた窓から落ちる

2）なぜ労働災害は発生するの？

① 技術温存
② 将来のため
③ 簡単な仕事
④ 命を守る最後の砦
⑤ ダブルチェック

3）1999（平成 11）年6月 29 日豪雨の中で…

① ルールを守る管理
② 危険を管理
③ 危機管理

4）コミュニケーション

① ボタンの掛け違い
② 知っているはずだけど
③ コミュニケーションはとったのに…

5）エピローグ（まとめ）

文章・注意・気を付ける

して社内だけでなく、地域社会に対しても〝働く人の命を守る〟情報発信への協力をお願い申し上げます。

(2) プロの領域

私は一九七六（昭和五十一）年四月に学校を卒業後、中災防に就職しました。早いもので、四十年以上この仕事をやっています。現在でもわからないことは多々ありますが、危ないところで仕事をしているにもかかわらず、仕事中にケガをしたとか殉職したという話をほとんど聞かない仕事をしている方がいらっしゃいます。皆さんはどんな仕事だと思われますか？　私が考えるのは消防のレスキュー隊の方たちです。

若い時オレンジ服を着ておられた、元レスキュー隊員の方に話を伺うことができました。

「あなた方のようなレスキュー隊の方が、仕事中にケガをしたとか、殉職したという話をあまり聞いたことがありませんが、それはなぜなのですか？」

三つのことを教えていただきました。

最初に言われたことは、

一一九番通報が入ります。

「事故ですか？　火災ですか？　救急ですか？」

「火事です」

「場所は何処ですか」

「住所は○○です」

第一報を聞いただけで、

「現場の建物が目に浮かぶ。迅速な消火活動ができるよう、建物や周辺の状況、道路事情等々の情報収集を常に行っている」

とのことでした。最初に言われたのは、〝**知らないことはない**よう努力している〟でした。

二つ目に言われたことは、
同じく、一一九番通報が入ります。

「事故です」

「どうされましたか?」

「仕事中、機械の間に人が挟まれました」

第一報を聞いただけで、

「人の命、人の財産を守るため、ジャッキ技術、ホース技術、ロープ技術…、ありとあらゆることができる。そのために俺たちは日々訓練をし、練習をしている」

二番目に言われたのは、〝**できないことはない**よう努力している〟でした。

三つ目に言われたことは、

「事故現場、火災現場でケガや殉職をすると、人の命・人の財産が守れなくなる。だから、誰が見ていようが見ていまいが、決められたことは決められたとおりにする」

三番目に言われたことは、〝**やらないことはない**〟でした。

これが、「プロの領域の仕事だ」。

説得力のある話でした。

(3)　プロの仕事とプロの道具

私は時々日曜大工をやりますが、さすがに家のリフォームは無理なので、工務店にお願いすると、一人の大工さんを紹介されました。契約書には午前八時から午後五時までで、仕事が終わったら掃除をして帰る…、たばこは…、トイレは…、等とありました。

その日は木屑が多く、帰る前の掃除が大変そうなので、我が家の箒《ほうき》を持って掃除を手伝い始めたところ、

「私がやりますので、手伝っていただかなくて大丈夫ですよ」

「今日は木屑が多いので…」

「私が掃除するのは手段なので…」

「はぁ…。差し支えなければ、それはどういうことか、教えて下さい」

その方が言われるのに、

① 今日の仕事のやり残しはないか点検している
② 木屑の中に道具などの忘れ物はないか点検している
③ 掃除しながら明日の仕事の段取りを考えている
④ お客様と私の安全
と説明されました。そして、

「私がここでケガをすると、ここで生活されるお客様も嫌でしょう」

「確かにそうですね」

「それと、私が帰った後、工事の進み具合を見ようとして、お客様がここでケガをしても嫌ですよね」

「確かに…」

「皆さんそうだと思いますが、お客様に喜んでいただける仕事、これが私の考える〝プロの仕事〟です」

こんな話を身振り手振りで一生懸命話されるので、時間を忘れて聞き入ってしまいました。

それともう一つは、プロの仕事をするには、使う道具にポイントがあると言います。その方が言われるのに、鋸《のこぎり》などの道具は古くなりますが、メンテナンスができていれば新品の時と同じ性能を発揮するので、メンテナンスされた百％の性能を発揮する道具、つまり〝プロの道具〟を使うことがポイントだということでした。

(4)　赤ちゃん・子供・社会人

ところで、働く人の命を守るためには、しなければならないことが二つあると思います。ここで、**表1**を考えてみましょう。考えるにあたって、恐れ入りますが、奇数列にお座りの方は椅子を百八十度回転させ、後ろの方とグループを作りましょう。これで四人一組のグループができました。

グループ活動はリーダーが必要です。私の方に背を向けてお座りの窓側の方がリーダーです。〝私がリーダーをしたい〟と言う方がいらっしゃいましたら、リーダーと交渉してリーダーになってください（笑）。

次にやり方ですが、表1の空欄を簡単な言葉で構わないので埋めて下さい。ヒントは、赤ちゃんの欄の下段に斜め線が引いてあり、関係ないとしています。この辺をヒントに考えてください。

リーダーにお願いします。一人五～十秒で自己紹介、例えば〝○○職場の◎◎です〟など、簡単な自己紹介で始めてください。時間は三分間です。それではよろしくお願いいたします。

ワイワイガヤガヤと演習がスタート

はい、時間になりました。まだ作業途中のグループもあるかも知れませんが、ここで終わりましょう。どんな議論になりましたでしょうか？　勉強会なら発表いただくのですが、今日は

表１　誰がまもるの？「働く人の命！」

誰を	誰が	何をする
赤ちゃん		
子　供		
社会人		

講演会なので一方的にお話しさせて下さい。

　私は子供が二人いますが、子育てをしていた時のことは正直よく覚えていません。しかし、六人の孫の成長過程を見ていて思うことは、親が育児を放棄すると、誰かが助けない限り、赤ちゃんは百％死にます。赤ちゃんは自分では何もできないから…。つまり、赤ちゃんの命は親が育児でまもるのです。以上のことから、上段の〝誰が〟の欄には〝親〟〝何をする〟の欄には〝育児〟となります。赤ちゃんは、自ら何もできないので、下段は斜め線が引いてあります。

　そういえば、先日お伺いさせていただいた講演会場で、これと同じことをやっていただきました。最前列に座っておられた一人の若い女性、赤ちゃんの命は〝私が〟〝抱っこ〟してまもる。これには感動しました。

その子が大きくなって、学校に行くようになったとします。子供たちは先生や親から〝知らない人に付いて行ってはだめよ〟〝横断歩道を渡る時は…〟等々多くのルールを学びます。そして、子供たちは教えをまもることで自分の命を守ります。上段の〝誰が〟の欄には〝親や先生〟〝何をする〟の欄には〝教育する〟となります。下段の〝誰が〟の欄には〝自分〟〝何をする〟の欄には〝教えてもらったことを守る〟となります。

そして、その子が社会人になって皆様方の部下になったとします。先生や親に相当する人は誰でしょう？　法律用語では〝事業者〟ということになりますが、具体的には皆さん方であったり教育担当者であったりします。社会人になった人は、教えてもらったことを守ることで自分の命を守ります。上段の〝誰が〟欄には〝先輩や教育担当者〟、〝何をする〟欄には〝教育する〟となります。下段の〝誰が〟欄には〝自分〟、〝何をする〟欄には〝教えてもらったことを守る〟となります。

つまり、労働災害を防止することの絶対条件に一つに〝教育をして下さい、受けて下さい〟、もう一つは教えてもらったことを〝守って下さい、守らせて下さい〟。この二点が大切です。ここでいう教育とは、〝何かができるようになるための知識を習得する（させる）こと〟と考えていただければと思います。

2　なぜ労働災害は発生するの？

労働災害の発生はいろいろな切り口でディスカッションできると思いますが、今日は人間の失敗の誘発因子をお手元のレジュメにあるように、(1)技術温存、(2)将来のため、(3)簡単な仕事、(4)命を守る最後の砦《とりで》、(5)ダブルチェック、の五つでお話しさせて下さい。

(1)　技術温存

テレビから、

「…この秋らしい天気は、日本列島が大陸性の高気圧に覆われているためで、ここしばらくは安定した天気が続くでしょう…」

と、流れていました。

Bさん宅周辺では、晴れが続くときは、条件が揃うと翌朝は濃い霧が発生します。ここ一週間は天気が良く、その日も朝起きると百m先も見えないほど濃い霧が発生していましたが、十時半には霧が晴れ、午後には稲刈りが始められました。天候にも恵まれ、稲穂も例年にも増して頭《こうべ》を垂れ、平年の一割増の収穫だったそうです。刈取りが終わり、秋祭りも終わり、暮れには翌年の田植えの準備が始まります。Bさんは毎年暮れにはトラクターで田んぼを耕していましたが、トラクターに取り付けられている、田んぼを耕すための〝ナタ爪〟（**写真1**）がすり減っており、交換する必要がありました。

写真１　トラクターのナタ爪

取扱説明書によると、ナタ爪はボルトとナットでトラクターに取り付けられていて、交換する際はメガネレンチを使い、軍手の着用が要求されています。Bさんはいつも通り道具箱を片手にトラクターに行き、メガネレンチを取り出そうと道具箱を開けました。いつも入れているメガネレンチが何故か入っていませんでした。さらには愛用の軍手までもが行方不明でした。

Bさんは、

「メガネレンチがなくてもスパナがあるから問題ないが、手がナタ爪に当たるとケガすることが…、でも今まで手がナタ爪に当たったことはないよな」

と思い、作業を開始しました。

「本当は、…メガネレンチをつかって…、軍手を着用して…」

奥側の狭い箇所にある三本目のナタ爪のナットにスパナを当て、メガネレンチと同じように手前

に引っ張った瞬間、スパナがナットから外れ、支えていた左手の人差し指と親指の付け根にナタ爪が当たり、

「痛い！」

約三cmの傷口がパックリ…。起こると考えられることはいつか必ず起こり、ルール違反をすればいつか必ず失敗をします。

① 知っている技術はフルに使いましょう。

② 知っている技術の出し惜しみはやめましょう。

知っている技術は、大切に保存することなく積極的に活用することで〝**技術温存型の事故**〟を避けたいものですね。

(2) 将来のため

自動車整備工場に就職したCさんは、自動車運転の初心者マークも取れ、お客様から預かった車の移動も自分でできるようになりました。ある日見慣れない一台の車が駐車場に停まっており、課長が、

「C君、あのキャンピングカーをお客様に届けてよ」

「でも、今日は、係長が休まれていますよ」

「そう、だから今日はC君一人で頼むよ、このようなことは、滅多にないから、いい経験になると思うし、何といっても君の将来のためになると思うよ」

「あんな大きい車は運転したことないです」

「大きいと言ってもあの車と一緒だよ」

そう言われてみると、少し離れて駐車してあるワンボックスカーと運転席付近はよく似ていました。運転席を覗き込むといつものワンボックスカーと同じでした。

「車の長さと幅は同じで、高さが約七十cm高いだけだよ」

「でも大きく見えますね」

「背が高いからね」

「はい、わかりました」

Cさんは仕事にも慣れ、いろいろな車に触れ、運転できることが面白くなり、そしてお客様から、

「ありがとうございました」

「こちらこそ、ありがとうございます」

の会話が楽しめるようになっていました。

「車を届けたら、車検証と、請求書と…をお客様に渡して…、それから、いつも車でくぐっている高架は高さが二・五mしかないので、あの車は背が高いから、国道を使って」

「はい、わかりました」

「それと、車が重いのでカーブに気を付けて。横風にも弱いから。車高が高いのを忘れないで」

と、課長からCさんは説明を受けました。

運転席に座ると、大きなモニターで後方視界が確保されており、サイドミラーも大きく、いつものワンボックスカーより楽に運転できそうでした。

出発してみると何の問題もなく、取り回しもワンボックスカーより楽でした。車は快調に国道を北上し、トンネルを抜け、谷を跨いでいる長さ百五十ｍの高架橋にさしかかった時でした。高架橋手前には〝強風注意〟との看板がありました。〝ドーン〟と車の右側面をたたかれた瞬間、ガードレール接触寸前まで車が左側に大きく流れました。

「課長が言っていた横風に弱いとはこのことか…」

何とか立て直すことができ、事故にはなりませんでしたが危なかったそうです。高架橋を渡ると、スポーツカーで走れば快適そうなアップダウンが続く緩やかなカーブの多い道が二㎞続きます。二つ目のカーブは下り坂の右カーブで、いつも通り軽いブレーキングでカーブに入ると、車は思ったより外側を通り左側のガードレールがまたしても目の前に迫りました。

「危なかった…、車が重いとはこういうことか…」

やっとの思いでお客様のお宅に到着し、車庫前に車を着けようと大きくハンドルを左に回した時でした。お客様が、万歳した格好で両手を大きく開いて手の平をCさんの方に向け、大きな声で、

「ストップ！　ストップ！」

と走ってこられました。車を止めて指差された方に目をやると、車の屋根と家の軒先の距離が

五十㎝でした。

「良かった、当たらなくて。背が高いということはこういうことか」

何とか車を届け、二十分待ってバスで帰路に就いたCさんは、運転手の後ろの席に座り、大きなバスの運転方法を観察して、多くのことを学びました。

今回はヒヤリハットで済んだのですが、そもそも〝将来のため…、滅多にない仕事…〟と思うような時ほど、新人ではなくベテランがやるべきです。ベテランになるには訓練を受け、練習し実践することが大切です。訓練は出来るようになるために〝受けさせられるもの・受けるもの〟で、練習は出来るようになったことを実践で使えるようにするため〝自ら行うもの〟だと考えます。

(3)　簡単な仕事

それまでアウトソーシングしていた二階の総務

課の清掃を、今年から職員でやることになりました。カーテンを洗濯することになり、Dさんが早速窓下に置いてあるロッカーに上がり、カーテンの取り外し作業を始めました。

さかのぼること十分、Dさんは、

・窓は全部閉まっており、窓の開け閉めはないから、指を挟むことはない
・窓は全部閉まっているから、窓から落ちることはない
・あのポットは邪魔になるから隣のロッカーに持って行こう
・書類は跨げばあそこにあっても関係ないかな？　でも跨ぐと関係者に失礼になるからやっぱり移動させよう
・靴下でロッカーに上がると滑ってロッカーから落ちるので裸足で上がろう

と考え、作業を始めました。カーテンのフックは、ランナーからは簡単に外れたのですが、カーテンレールに取り付けてある最後のフックが、なぜか外れませんでした。

Dさんは、

「何でなんだ。それにしても固いなぁ」

足元に山になっている外したカーテンが邪魔になったので、左足で左に寄せましたが、つま先はカーテンの下に入っていました。背伸びをして最後のフックに右手を掛けようとすると、右足も大きく上がりました。その時、体を支えるため、左手を閉まっている窓のガラスと窓枠付近に当てていたのです。

閉まっていた窓がスーと開き、

「落ちる！」

右手が瞬時にカーテンを握りましたが、カーテンレールにフック一本でぶら下がっているカーテンが体重を支え切れるはずもなく、引きちぎれました。左によろけ、足元にあるカーテンに引っ掛かり、体は右に回転し、上がっていたロッカー上で尻餅を付き、OAフロアに落ちました。ただ、落ちた時はしっかりと立っていました。まるで、スローモーションを見るようでした。

「窓から落ちなくてよかった」

体が右に回転したことが幸いしたのですが、それは単なる偶然で、重大ヒヤリを発生させてしまったのです。作業前に考えた、労働災害を発生させないための内容に漏れがあったのです。それ以後Dさんは、一人で作業をする時は〝自問自答カード一人KYT〟を行ってから作業を始めています。どんな〝簡単な作業〟でも、みんな命を懸けて行っています。

(4)　命を守る最後の砦

自問自答カード一人KYTと言えば、〝そんな大層なことを〟と思われる方もいらっしゃるかも知れませんが、多くの方は、先ほどお話ししたDさんのように、自問自答カード一人KYTに近いことは行っているのです。ただ、これだと気が付かない危険もあるので、見落としがないように、今やっていることを少し丁寧に行う方法なのです。

〝自問自答カード一人KYT〟というぐらいですから、〝自問自答カード〟を準備します。例えば、以下の問い掛けをカードにしたものです。

① 挟まれないか?
② 切れ、こすれないか?
③ 巻き込まれないか?
④ 落ちないか?
⑤ 火傷しないか?
⑥ 腰を痛めないか?
⑦ 感電しないか?
⑧ 転ばないか?
⑨ その他ないか?

問い掛け内容は、作業に合わせて考えても大丈夫です。

手順としては、まず〝第一ラウンド〟と唱えて、最初に〝事故のプロセス〟を考えます。その時に〝①挟まれないか?〟〝②切れ、こすれないか?〟…と自問自答カードに沿って、事故の発生するプロセスを考えます。

例えば、

自　問①:挟まれないか?
プロセス:窓が少し開いているので、吹き込む風で揺れるカーテンを止めようと窓を閉め、指を挟む。

自　問②：切れ、こすれないか？

プロセス：フックがカーテンレールから外れないので、フックを力一杯引っ張って、手を切る。

自　問③：巻き込まれないか？

なし

自　問④：落ちないか？

プロセス：窓が開いているので、カーテンを外そうと窓に手をかけて、開いた窓から落ちる。

自　問⑤：火傷しないか？

プロセス：外したカーテンがポットに引っ掛かったので、カーテンを引っ張って、ポットが転倒して火傷する。

自　問⑥：腰を痛めないか？

プロセス：フックが外れないので、何処が引っ掛かっているのか見ようと背伸びをして、腰を痛める。

自　問⑦：感電しないか？

　　なし

自　問⑧：転ばないか？

プロセス：ロッカー上に書類があるので、カーテンを外しながら移動して、書類を踏んで転ぶ。

自　問⑨：その他ないか？

プロセス：靴下を履いているので、ロッカーに上がろうとして、滑って落ちる。

等です。

次に、〝第二ラウンド〟と唱えて、最も危険と考えた事故のプロセスを選びます。これを〝**危険のポイント**〟と言います。

例えば

〝窓が開いているので、カーテンを外そうと窓に手をかけて、開いた窓から落ちる ヨシ〟

とします。

危険のポイントを決めたら、次は第三ラウンドです。危険のポイントに対して〝**対策樹立**〟を行うため、対策を数種類考えて、その中で実行可能な対策を選びます。しかし〝自問自答カード一人ＫＹＴ〟では、直ちに行動目標や指差し呼称項目を設定していくため、この作業は省略

し、〝第三ラウンド省略〟と唱えます。続いて〝第四ラウンド〟と唱えて、自分が行う〝行動目標〟を決めます。

例えば、

〝カーテンを外す時は、窓を、ロックして、外そうヨシ！〟

とします。

次に、〝確認〟と唱えて、行動目標を実行する際の〝指差し呼称項目〟を決めます。

例えば、

〝窓　ロック ヨシ！〟

などです。

こうして決めた指差し呼称項目を、カーテンを外す場所に行き、窓のカギを見て指差して〝窓ロック ヨシ！〟と声に出し、窓のカギがロックされていることを確かめてから、取り外し作業を始めます。例えば、五カ所のカーテンを外すとするなら、各々のカーテンを外す前に〝窓　ロックヨシ！〟と全部の窓のカギがロックされていることを確かめます。このようにしてカーテンの取り外し作業を行えば、今回の重大ヒヤリは発生しなかったのです。

これが、私たちが提唱する〝自問自答カード一人ＫＹＴ〟です。皆さん方も作業開始前に実施していただければ幸いです。

ここで、ちょっと復習しておきましょう。

労働災害は〝**不安全状態（～なので）**〟と〝**不安全行動（～して）**〟が組み合わさり〝**事故（～なる）**〟になることから、先ほどＤさんの考えた、〝**靴下でロッカーに上がると滑ってロッカーから落ちるので裸足で上がろう**〟の事故の発生プロセスは、

「金属製の天板が塗装してあるロッカー**なので**、靴下をはいて上がろう**として**、滑って**落ちる**」

と、なります。

次は対策で、表現の仕方は〝**～する時（～の時）は**、**～を**、**～して**、**～する**〟で、

「**ロッカーに上がる時は**、**靴下を**、**脱いで**、**上がろう**」

と、なります。

しかし、労働災害発生プロセスは他にも沢山あります。先の例では、①～⑨の九種類を考えました。起こると考えられることは、何時か必ず起こるので、考えたことが起こらないように

対策を実行するのは基本中の基本です。

そこで、実作業ではどうするかを考えてみましょう。例えば、

自　問①：挟まれないか？

プロセス：窓が少し開いているので、吹き込む風で揺れるカーテンを止めようと窓を閉め、指を挟む。

防 止 策：窓が開いている時は、両手を、窓に掛けて、ゆっくり閉める。

と考え、〝**開いた窓があれば両手でゆっくり閉め、ロックする**〟

自　問②：切れ、こすれないか？

プロセス：フックがカーテンレールから外れないので、フックを力一杯引っ張って、手を切る。

防 止 策：フックが固い時は、ペンチを使って、フックを広げる。

と考え、〝**ペンチを持ってくる**〟

自　問③：巻き込まれないか？

なし

自　問④：落ちないか？

プロセス：窓が開いているので、カーテンを外そうと窓に手をかけて、開いた窓から落ちる。
防止策：カーテンを外す時は、窓をロックして、外す。
と考え、“**すべての窓をロックする**”

自　問⑤：火傷しないか？
プロセス：外したカーテンがポットに引っ掛かったので、カーテンを引っ張って、ポットが転倒して火傷する。
防止策：ポットがある時は、ポットを、隣のロッカーに移動して、上がる。
と考え、“**ポットを移動する**”

自　問⑥：腰を痛めないか？
プロセス：フックが外れないので、何処が引っ掛かっているのか見ようと背伸びをして、腰を痛める。
防止策：フックが引っ掛かっていると思われる時は、脚立を使って、フックを見る。
と考え、“**脚立を用意しておく**”

自　問⑦：感電しないか？
なし

自　問⑧：転ばないか？
プロセス：ロッカー上に書類があるので、カーテンを外しながら移動して、書類を踏んで転ぶ。
防 止 策：ロッカーに上がる時は、書類をロッカー内に入れて、上がる。
　と考え、〝**書類をロッカーに入れる**〟

自　問⑨：その他ないか？
プロセス：靴下を履いているので、ロッカーに上がろうとして、滑って落ちる。
防 止 策：ロッカーに上がる時は、靴下を脱いで、上がる。
　と考え、〝**素足になる**〟

このようにして、作業前に対策はもれなく実施してください。

「だったら、〝自問自答カード一人ＫＹＴ〟をやらなくてもいいじゃないか」と思わないでください。人間は失敗する動物です。忘れること、勘違い、思い違い等があります。やることをやった上で、〝自問自答カード一人ＫＹＴ〟を行い、先ほどお話ししたように〝**指差し呼称項目**〟を決め、〝窓　ロック ヨシ！〟で作業を行います。

どんな簡単な仕事でも、みんな命を懸けて仕事を行っています。自問自答カード一人ＫＹＴは、〝**命を守る最後の砦**〟なのです。

(5) ダブルチェック

配送チームのEさんは、四人の部下を持つ主任さんです。今年も年末商戦が始まり、新聞広告を入れたためか多くの注文が入り、多忙を極めていました。十二月二十日の二十時三十分頃、ことは起こりました。その日は、外回りをしている二人も数多く受注して、明朝の出荷に間に合わせようと連絡を入れてきています。

Eさんは前日の終礼で四人の部下に、

「新聞広告を入れたので、明日は多くの受注が予想されます。申し訳ないが二時間の残業をお願いします」

その後、Eさんを含めた倉庫担当の三人は、仕分けのために食品、雑貨、玩具などの担当を決め、外回りの二人には、

「今日は、飛び込み営業を極力抑え、既存のお客様を中心としたルート営業をお願いします」

朝から多くの注文が入りましたが、翌朝の配送準備は順調に進み、十八時三十分頃にはほぼ完了しました。

Eさんは、

「昨日の終礼で段取りをしておいてよかった。〝段取り八分〟っていうが本当だ」

と、ほっとした時でした。

Eさんの携帯電話に外回りの一人から、

「お客様が発注間違いをされたようで、商品の確定が一時間後になります」

Eさんは補佐のFさんと待つことを決め、他の職員は二時間残業で帰宅させせました。一時間後、外回りの一人から商品確定の連絡が入りました。EさんとFさんは配送準備完了後、最終退館者として施錠後、帰宅することになりました。

EさんとFさんは、

「伝票　商品　個数　ヨシ！」

「照明　オフ　ヨシ！」

等と業務を完了させ、二人が建物を出たのは二十時三十分頃でした。

最後のドアを出て、二人が鍵穴を指差し、「ドア　ロック　ヨシ！」

いつも通りの〝指差し呼称〟後、最寄りの駅に向かいました。二百〜三百m歩いた時、足取りがゆっくりとなり、立ち止まり、二人は顔を見合わせ、

「主任、鍵かけました？」

「Fさんが掛けたのでは？」

「私は掛けていませんよ」

「俺も掛けてないよ」

「だって二人で〝ドア　ロック　ヨシ！〟しましたよね」

疲れている二人は走って戻り、Fさんが恐る恐るドアを引っ張ると、二人の期待を裏切ってドアは何の抵抗もなく開きました。複数でいる時は、役割を決めておかないと〝誰かがやるだろう〟となり、このようなミスが発生します。

ダブルチェックとはシングルチェックを複数でやることではなく、一つの事象を違った方法で確認するのが本当の〝ダブルチェック〟です。

例えば、このケースでは一人が鍵穴にカギを挿入し、

「鍵挿入　右回転完了　ヨシ！」

もう一人が、ドアノブに手をかけてドアを引っ張り、

「ドアロック　完了　ヨシ！」

ドアの施錠を、鍵の回転とドアが開かないことで確かめるのです。

3　一九九九（平成十一）年六月二十九日豪雨の中で…

一九九九（平成十一）年六月二十九日、その日はやってきました。朝から雨が降っていましたが、まさかこんなことになろうとは…。

(1)　大雨を衝いて客先へ

私はリーダーとして、二人の部下と一緒に広島市内の事務所を午前七時半に車で出発しました。その時すでに雨は降っていましたが、車中では

「帰りはインター近くの事業場にお邪魔するよ…」

などと午後の打ち合わせをしながら、いつものルートで高速道路に乗り、目的地を目指しての順調なドライブでした。

最初の仕事は予定どおり十一時前には終わり、逆コースで午後の仕事先に向かいましたが、大雨で高速道路は通行止めになっていました。私は、

「昼食時間を削れば一般道を使っても、約束の十三時には間に合う」

そう思い、高速道路をあきらめて一般道で目的地を目指しました。

雨は一層激しさを増していました。目的地近くで喫茶店に飛び込み、大急ぎで昼食を済ませ、約束の時間二十分前に店を出ました。

途中、センターラインの引かれていない幅員の狭い道は、左手からは山が迫り、右手の川を

見下ろすと水面まで三mくらいでした。その先に目をやると、左手の山から十mほどの幅で、大きい物で拳骨を二つ合わせたくらいの石が混ざった土砂が、水と一緒に道を覆っていました。

当時使っていた車は、地元自動車メーカー製で他メーカーにもOEM供給されていた、一・八リットルのガソリンエンジンを積む4WDでした。ドライブの好きな私は経験上わけなく行けると判断し、4WD切り替えレバーをローギアに入れ、シフトレバーを一速のローギアに…、車は大きく左右に揺れましたが、読みどおりにわけなく通過しました。

やっとの思いで約束の時間に到着し、安全衛生担当者の方には随分と喜んでいただくことが出来ました。三人は、

「頑張って来てよかった…」

と、喜びました。偉そうに私は、

「これが仕事、これが仕事だよ！」

と、二人の部下に言ったのを覚えています。

(2) 閉ざされた帰路

午後の仕事も予定通り終わり、駐車場を出て驚きました。雨は小降りになってはいましたが、上流での雨が激しいのか三m下だった川の水面が目の前に迫っており、さすがにこの時は命の危険を感じました。来た道を引き返しましたが、対向車のドライバーが、

「この先は土砂崩れで通れない」

と情報をくれました。私たちもUターンし、県道から国道に出ようとしましたが、渋滞をしており仕方なく列の最後尾につきました。五分経っても、十分経っても動きません。対向車もありません。緩やかな上り坂の上にある交差点は、見通しが悪くはっきりしたことは分かりませんでしたが、どうやらその先が通れないようでした。

水位はついに県道のアスファルトを洗い始め、私たちより低い位置にいる後続車両からはクラクションの嵐です。私は、このままでは県道が崩落して死んでしまうのではと思い、思いきって対向車線に出て、交差点を広島方面とは逆方向へハンドルを切りました。多くの後続車両も追従してきました。

帰社できる他の三つの経路もチャレンジしましたが、いずれもダメでした。私たちは車中泊を決め、洪水と土砂崩れの恐怖から逃れ、食料を確保すべく、また携帯電話の電波がある所へと思い、その先の少し高くなっている所にあるコンビニを目指しました。そこにはすでに十数

台の車が入っていました。

当時普及し始めた携帯電話で事務所に、

「土砂崩れで帰れないので、コンビニの駐車場で車中泊をする」

「安全な場所に行ってください…」

時計を見るとすでに十七時を回っていました。昼食を簡単に済ませていた私たちは空腹に気付き、二人の部下はおにぎりの調達のため店の中に消えていきました。

ハンドルを持っていた私は、一人車の中で…、

(3) 父の教え

あれは確か〝一九七二(昭和四十七)年七月十一日の夕方?だった〟と記憶しています。雨合羽を着てはいましたがずぶ濡れになった親父が、豪雨で決壊の危険がある堤防の監視から帰ってきました。そして、心配して出迎えた家族の前で、夏休みで帰省していた私に、

「上流の町の情報だと雨は小降りになったらしいが、このままだと、あと一時間もすれば堤防が決壊することも考えられる」

「どうすればいい」

「堤防が決壊したら生活を立て直さなければならなくなる」

「うん」

「俺はお前を進学させるために借金をしたが、この借金は心配するな、俺が返す」

「わかった」

「しかし、学費は払えなくなるので学校はやめてくれ」

「えっ」

「続けたかったら自分で学費を稼げ」

「本当かよ？」

「そんなことよりもっと大切なことを言う」

これ以上大切なことがあるわけないだろうと私は思いましたが、親父が続けた言葉はもっとショックだったことをよく覚えています。

「いいかよく聴け、三つのことを言う。

①　いつも言っているように、このような時は決壊前に高台にある親戚の家に逃げろ。

②　途中、判断に困ったら、おばあちゃん、お母さん、妹（私の）と相談し、最も良い方法を見つけて行動しろ。

③　もし、途中の用水路が氾濫していたら、おばあちゃんをお前が背負って親戚の家を目指

すことと、最悪みんながバラバラになったら暗闇の中でお互いを探さず、各自が親戚の家を目指せ、家族の命がお前にかかっている。

しかし、そうならないようにしろ。お前がリーダーだ、後は頼む」

そう言って、集落を守るため、役員が待つ監視場所へと、足早に暗闇の中へ消えていったのです。

その後、堤防の上を水が洗い始めましたが、決壊寸前で水位が下がったとのことでした。

この時の豪雨は西日本で多くの被害が発生し〝昭和四十七年七月豪雨〟と名付けられています。

親父からよく聴かされたことの一つに、

① 命を守るには決めたルール、決まっているルールを守れ

② しかし、完璧なルールはなく、また、何らかの理由でルールを守れなくなることがある。その時はそこに居る人たちで話し合って最良の方法を見つけて行動しろ。

③ それでも、もし何かあったらどうするかも決めておけ。

ということがあり、私はこれらを〝**①はルールを守る管理**〟〝**②は危険を管理**〟〝**③は危機管理**〟と考えるようになりました。これらを私は〝三つの管理〟と呼んでいます。

(4) 帰還…そして所長の怒り

しばらくすると、二人の部下は、最後の三個だったと言って、塩こぶのおにぎりを買ってき

てくれました。塩こぶのおにぎりをほおばっていると、私の携帯電話が鳴りました。家内が焦った声で、

「おばあちゃんが危篤だから早く帰ってきて」

二人には気付かれないようにしましたが、正直焦りました。さらに、携帯電話のバッテリーの残量が最後の一目盛となり、部下の一人が電源を切ることを提案し賛成をしました。三人とも帰りたいのですが、なすすべがありません。そこに、地元のタクシーが、ＪＲの職員さんを乗せてやってきたのです。

ＪＲの方は線路の状況の確認に来られたようでした。駐車場にいた車のドライバーが集まって、タクシードライバーの方に走れる道を教えてもらいました。すると一人のドライバーが、

「その道、俺、知っている。携帯電話の圏外にはなるけど、近くに集落もあるのでＳＯＳは出せる」

すでに周囲は暗くなっていましたが、多くの車はその道に向かい、私たちも帰社することを決めました。私は帰社することを事務所に連絡しようと思ったのですが、時計を見るとすでに二十時でした。事務所には誰も残ってはいないはずだから…、所長の自宅に電話を…、とも思ったのですが、遅い時間なので遠慮しました。教えてもらった道は大きな被害もなく、二十一時半頃には帰社できました。

駐車場に車を入れ事務所を見ると、明々と照明が点いており、玄関のシャッターは開いていました。所長と事務長は応接室にあるテレビをＯＮにしたまま席に居ました。私は二人の部下

に、

「所長と事務長はテレビを見ているぞ。まぁ、いいか。俺は報告してくるから、悪いけど機材かたづけて」

と頼んで、今日あったことを所長に報告しました。

お客様に喜んでもらったこと、土砂崩れのこと、増水した川の水のこと…、所長の顔色が見る見るうちに変わり、私は胸ぐらをつかまれ、

「お前はバカか！　部下を殺す気か！　俺たちは労災を防止しているのだ！　何故そんな無茶をした！　ルールを守れ！　なぜ日程変更をお客様に提案しなかったのか？　いいかよく聴け！

①　異常気象時は日程変更をお願いする

②　現場の判断で途中予定を変更したら事務所にその旨を連絡する

③　その際、もし何かあったらどうするかを考え被害にあわないようにする

お前はよく知っているだろう！　知っていることはやれ！」

(5)「三つの管理」に照らしてみると

ここで、私たちの行動を整理してみましょう。

私たちの最初のルール違反は、土砂崩れの中を進んだことで、本来ならこの時、仕事の延期をお願いし、帰社すべきでした。車中泊を事務所に連絡したことはよかったのですが、携帯の電源を切ったのは失敗で、事務所から何度も電話を掛けたのですがつながらなかったそうです。

私たちは、電話が掛かってくることは想定しておらず、かけることばかりを考えていました。コンビニの駐車場でタクシードライバーの情報を基にみんなで話し合い、最悪でも民家に助けを求めることは出来ると考え帰路に就いたことは間違っていなかったと考えます。

つまり、

①〝ルールを守る管理〟（ルール遵守）
Uターンしなかったことは×
車中泊を連絡したことは○

②〝危険を管理〟（何らかの理由でルールを逸脱する時）
みんなで話し合って帰路についたことは○
そのことを事務所に連絡し許可を取らなかったことは×

③〝危機管理〟（もしもの時）
携帯電話の圏外と集落を確認したことは○
他は何もできていなかったことは×

後でわかったのですが、所長たちが残っていたのは我々と連絡が取れなくなったのでテレビで情報を収集していたためで、帰宅することは考えていなかったそうです。当時我々は、上司が〝心配して残ってくれている〟との認識はありませんでした。考えてみればありがたい話です。改めて三つの管理の重要性を再認識し、現在に至っています。

4　コミュニケーション

私たちの仕事の一つに、労働災害やヒヤリハットなどの再発防止対策を、お手伝いをさせていただくことがあります。その際、それらの原因の一つに、コミュニケーション不足だったと言われることがあります。コミュニケーションの意味は、手元の資料によると〝文字、言葉、表情などで意思を伝える〟等々の解説がなされています。

メールや手紙のように〝文字だけのコミュニケーション〟では、相手の表情が分からないので、使われている単語や文章の構成、さらには絵文字などで真意を読み取ったり伝えたりしようとします。また、電話のように〝言葉だけのコミュニケーション〟も相手の表情が分からないので、声のトーンや使用する単語、固定電話では電話を切る時の受話器の置き方などで、真意を読み取ったり伝えたりしようとします。つまり、〝文字、言葉〟だけのコミュニケーションでは、見えない表情をカバーする工夫をしているのです。こうしてみると、〝表情〟はコミュニケーションのベースになるツールと考えます。

近年、携帯電話やパソコンのビデオ通話の普及で、出向かなくても顔と顔を突き合わせてのコミュニケーションが可能ですが、これにはチョットしたコツがあります。ディスプレイに映っている相手の目を見ると相手のディスプレイには脇を向いているように映るので、相手に画像を送っているカメラを見るとその問題は解決するのですが、今度は相手の表情が読み取れなくなります。相手も同様で、お互いの表情が確認できないままコミュニケーションが進むことがあります。この問題を避けるためには、お互いが少し引いた画像で話すことが必要と考えます。

いずれにしても、重要案件は顔と顔を突き合わせ、お互いの目線を合わせてのコミュニケーションが大切ではないでしょうか。

コミュニケーションには、例えば、A社とB社、総務部と経理部などのように組織間のコミュニケーションがありますが、それは別の機会に譲るとして、ここでは人間同士のコミュニケーションを考えてみましょう。人間同士のコミュニケーションが活発になれば、組織間のコミュニケーションも活性化します。

(1)　ボタンの掛け違い

毎年四月には多くの新入社員が、皆様方の仲間になることと思います。そんな内の一人のG君、五月の大型連休が終わった初日に浮かない顔で出勤してきました。係長は廊下の向こうから下を向いてやってくるG君が気になり、

「G君大丈夫か?」

「はい」

顔を上げることなく通り過ぎていきました。そんな状況が三日続き、四日目の朝礼にG君の姿はありませんでした。朝礼で係長は、

「G君は?　何か連絡あった?」

「携帯も繋がらないし、この前から変でした」

課長にその旨を伝えた係長は、直ちにG君のアパートに車を走らせましたが、駐車場にG君の愛車はなく、部屋にも居ませんでした。帰りに警察によって交通事故の発生の有無を聞きましたが、近隣では交通事故はなかったようです。

そのころ会社には、実家のお母さんから〝しばらく休ませたい〟との連絡が入っていました。

電話の内容を要約すると、
① 十時頃、連絡なしに突然帰ってきた
② 元気がなく、喋らない
③ 課長に嫌われているようだ
この三点のようでした。

十日後にG君は出勤しましたが、その手には辞表が握られていました。係長は、

「差し支えなければ理由を教えてくれる?」

「はい…」

「課長と出会っても、僕をにらみ〝おはよう〟の挨拶をしてくれないのです」

「そんなことが…、そりゃぁ、G君辛いね」

「多分、僕は課長に嫌われていると思います」

「そうなんだ…」

係長は辞表を預かり、G君と一緒に駐車場へ歩き始めた時、向こうから課長がやってきました。

二人を発見した課長は、小走りに駆け寄り、

「G君が来ていると聞いたので、探していました」

係長が、

「辞表を…」

と言いかけた時でした。課長は、隠れるように係長の背後にいたG君の左横に行き、右手をG君の背中から回して右肩をしっかり摑んで自分の方に引き寄せ、

「良かった、出てきてくれて。G君が休んでいると聞いて心配していたんだ」

二人は、潤んでいる課長の目に気付きました。駐車場で係長は、

「G君、辞表は僕が預かっておくから…」

G君を見送った係長は、職場には帰らず課長の席に行き、G君の話を伝えました。

四月上旬に廊下でG君に出会った課長は、G君が挨拶をしてくれたら話しかけようとしていまし

た。ところが、目はあったのですが何も言わずに足早に通り過ぎ、声を掛けられなかったようです。にらんでいたのではなく、挨拶をしないG君を心配で凝視したことが誤解を招いたようでした。G君は課長が挨拶をしてくれたら、挨拶をしようと思っていたようでした。ここに〝ボタンの掛け違い〟が発生したのです。

しばらくして、構内のいたるところに〝挨拶は先にしましょう〟のポスターが貼られていました。そしてG君は、今は係長になり、多くの部下を持っています。

(2) 知っているはずだけど（その1）

この三月で定年を迎えるHさんの勤務は、残すところ一週間となりました。Hさんはベテラン中のベテランで、誰もが認める職場の実力者の一人です。Hさんの退職日が迫ってくるにつれて、上司の職長が指示を出すことに遠慮するようになり、Hさんが日常業務において手持ち無沙汰になることがありました。課長はそれが気になって、職長に〝今までと同じように指示した方がいい〟旨の話をしましたが、職長は〝ベテランの方だから自分で工夫しているので大丈夫〟また、〝最後はゆっくりさせてあげたいので〟と課長に話したようです。

翌日、家庭の事情で一時間遅れ、朝礼に出られなかったHさんは、ルール通り朝礼時の指示事項が記載された朝礼ノートに目を通し、認め印を押し、職長に出勤した旨を伝えました。職長は、

「すでに作業が立ち上がっているので、みんなを手伝ってやって下さい」

〝何かやることがあればいいが…〟と考えながら、持ち場に行こうと通路を進んでいると、後輩たちがすでに忙しく動き回り、自分の穴を埋めているのが遠目に見えました。Hさんは〝みんな立派になった〟と思いながら歩いていると、隣の職場でIさんが、フォークリフトですくった機械部品を、フォークリフトのフォークに対して直角になっていなかったのを直そうと機械部品を引っ張っていました。それを見たHさんは、

「Iさん手伝うよ」

「ありがとうございます」

作業手順の打ち合わせもなく、KYTもせず…、二人のコミュニケーションはありませんでした。

「フォークの上で部品を引っ張ると危ないから一度降ろそうよ」

「はい」

「ちょっと待って、下の厘木《りんぎ》をセットするから」

一本目をセットし、

「Iさん、一本目セット完了ヨシ！」

「了解！」

「二本目はいります・・・」

と、手を出した時でした、フォークが降りてきたのが…。降ろした機械部品の足が一本目の厘木に乗りましたが、二本目の厘木がまだセットされていなかったので、大きな音をたて倒れ

ました。倒れる機械部品に思わず手を出したHさんは、右手を切り三針縫うことになりました。一歩間違えると下敷きで、〝定年前に死ぬところだった〟と言われていました。

仕事には〝手伝う〟と言うカテゴリーはありません。職長がHさんに遠慮せず、手持ち無沙汰にならないよう、指示が欲しかったと考えます。仲間同士でも、上司と部下の間でもコミュニケーションは大切ですね。

(3) 知っているはずだけど(その2)

そういえば、こんなこともありました。

信頼され人気者で仕事も速いJさんは、予定より一時間早く作業を終え、その旨を職長に伝えました。職長は、

「お疲れさまでした、みんなが終わるまで食堂で待っていて下さい」

食堂に行ったJさんは自動販売機でコーヒーを

買い一人待っていましたが、どうにも手持ち無沙汰で、食堂の窓からは仕事をしている仲間の姿が見えていました。〝みんなに悪いな〟と思いつつ、コーヒーを飲みながらキョロキョロしていると、ガスレンジの上の汚れた換気扇が目に入りました。Jさんは〝三十分あれば掃除できる〟と判断し、さっそくとりかかりました。幸いにもレンジ台の引き出しに換気扇の取扱説明書があり、それに従って清掃作業にかかりました。その手順を簡単にお話しすると、

①　雑巾と洗剤を用意する
②　ガスレンジをどかす
③　フードのフィルターを外す
④　ファンを外す
⑤　ファンを清掃する
⑥　組み立てる

で、問題なく終わる…予定…でした。誰にも知られることなく、作業を始めたのですが、とんでもないことが起こりました。ガスレンジをどかし、持ってきた踏み台を使ってレンジ台に上がった時でした。フードに頭をぶつけ、

「痛い！　落ちる！」

までは覚えていますが、気が付いた時は病院のベッドの上でした。額を二針縫っていましたが、骨折などはありませんでした。どうもレンジ台から落ちた時に額がどこかに当たり、その後、床で頭を打ったようです。良かれと思ってやったことが、最悪の結果となりました。本来は誰

かと打ち合わせてから行うべきものを、何のコミュニケーションもなしに、始めた作業でした。作業指示、ＫＹＴなどが必要です。コミュニケーションは労働災害防止の重要なツールです。

(4) コミュニケーションはとったのに…

ここは、某市にある大手スーパーの売り場で、レジ脇のいつものスペースで今日も元気に朝礼が行われていました。主任が、

「整列、番号」

と、右手を軽く右隣りの人に出しました。

「一」

「二」

…

「十一」

そして、最後に主任が、

「十二」

全員で、

「おはようございます」

続いて主任は、昨日足がだるいと言っていたＬさんに、

「昨日、足がだるいと言っていましたが、今日は大丈夫ですか？」

「大丈夫です」

「もし、調子が悪いようだったらシフトを変えますので言って下さい」

「ありがとうございます」

と健康確認を行いました。

続いて主任から今日の作業についての指示がありました。

「明日からの売り出しのため、
①　今日の夕方と明日の朝は、いつもより多くの商品が入る
②　売出しの洗剤が、かご台車で通常の三倍入荷する
…
⑧　けがをしないように注意して作業して下さい
以上、よろしくお願いいたします」

最後に全員で、

「いらっしゃいませ♪」

「ありがとうございました♪」

「またのご来店をお待ちしています♪」

「では解散します」

担当のLさんは、入荷した商品の搬入のため、仲間とバックヤードに急ぎました。

トラックは到着して荷下ろしの準備に入っており、売出しの洗剤が入ったかご台車が荷台の中ほどに見えました。商品の入ったかご台車を下ろす際はいつも、荷台からコンクリート床の境い目をゴトン、ゴトンと乗り越えなければなりません。洗剤の入ったかご台車は重そうで、Lさんは〝少し強く引っ張らないと境い目で引っ掛かる〟と考えました。引っ張ったかご台車は何の抵抗もなく動き始めたのですが、Lさんの踵が境い目に引っ掛かり尻餅を付き、そこへ洗剤が入ったかご台車が襲ってきました。Lさんが、

「痛い！」

かご台車がLさんの上に倒れなかったのは不幸中の幸いでしたが、救急車で近くの総合病院に搬送され、診察の結果は足首の骨折でした。

閉店後、病院を訪れた主任は、

「Lさん大丈夫ですか？　朝礼でケガをしないよう注意するよう言ったのですが、注意して作業しなかったのですか？」

「注意したのですが、骨折しました、すみません」

「でも、かご台車の下敷きにならなくてよかったですね」

「注意していたおかげだと思います」

「そうですね」

「今後はもっと気を付けて作業して、ケガをしないようにします」

「よろしくお願いします」

確かにコミュニケーションはとれていますが、安全確保のための内容がないコミュニケーションになっています。

ではどうすればよかったのでしょうか？

朝礼まで時間を巻き戻してみましょう。

主任からあった作業指示は、

「明日からの売り出しのため、

①　今日の夕方と明日の朝は、いつもより多くの商品が入る

②　売出しの洗剤が、かご台車で通常の三倍入荷する

…

⑧　けがをしないように注意して作業して下さい

以上、よろしくお願いいたします」

でした。

この、〝⑧けがをしないように注意して作業し

て下さい〃にポイントがあったと考えます。〃注意して下さい〃と言われても、何をどうするかはLさん任せです。かご台車の操作方法の基本は「押し」「引き」「よこ押し」です。この〃⑧けがをしないように注意して作業して下さい〃が、お店の手順通り、

(イ)「引き」か「よこ押し」でかご台車後方に人が入れるスペースを作る

(ロ)そのスペースに入り、〃前方人なしヨシ！〃で安全確認をする

(ハ)「押し」でかご台車を荷台から降ろす

ようにとの作業指示があれば、この事故は発生していなかったかも知れません。それ以後、主任は、忙しい中、みんなで作業手順書に記載してある〃注意〃〃気を付ける〃の単語を探し出しては、具体的な作業行動がとれる表現に変更しました。そして、指示を出す時は作業手順書を片手に指示を出しています。指示は〃やるべきこと〃と〃その順番〃と〃その時の注意事項〃です。そのことが書いてある紙が、作業手順書なのです。

エピローグ（まとめ）

本日いろいろとお話しさせていただきましたが、プロの領域で、プロの仕事をプロの道具を使って行ううえで、働く人の命を守るためには、教育を受け、教えられたことを遵守することが大切と考えます。

そして、持っている技術を百％活用し、めったにない仕事は訓練を受け練習を積んで実践できるベテランが行い、どんな簡単な仕事でも命を懸けて仕事を行うため、命を守る最後の砦である〝自問自答カード一人ＫＹＴ〟を行い、さらにはダブルチェックすることが必要なのです。

ルールを守ることはもちろん大切ですが、何かの理由でルール通りにできなくなった場合は、仲間と話し合って最善の方法を見つけ出し、上司の許可を取って作業を行います。そのプロセスにおいて、もしもの時どうするかを中止の選択肢も含めて決めておくことも求められます。

コミュニケーションをとるには、自分から先に挨拶をして、知っていることでも再確認を行い、コミュニケーションに安全確保の情報を入れることを忘れないようにしたいものです。

〝注意〟〝気を付ける〟の単語を使わない、行うことを具体的に伝える活動が大切と考えます。

「〝注意せよ！〟の背後に潜む労働災害」

本日の私の話が、皆さま方の安全確保の参考になれば幸いです。「ご安全に！」

別紙

事　　業　　主 殿
安全衛生担当者　殿

三旗（安全旗、労働衛生旗、安全衛生旗）掲げかえ運動の協力のお願い

時下ますますご清栄のこととお慶び申し上げます。

当センターの業務運営につきましては、日ごろから格別のご支援、ご協力を賜り、厚く御礼申し上げます。

さて、労働災害の減少傾向に鈍化が見られる中、新たな労働災害防止活動のツールとして労働安全衛生マネジメントシステムの構築、リスクアセスメントの定着などが急がれています。また、毎年、安全週間、労働衛生週間、年末年始無災害運動が展開されています。

しかし、安全衛生の入り口であり、また、「目で観る安全衛生」の基本である安全旗・労働衛生旗・安全衛生旗の知名度があまりにも低く、標記運動の提唱と周知を行いたいと思います。

ご多忙中と存じますが、別添資料の趣旨をご理解いただき、標記運動にご協力くださいますようお願い申し上げます。

主催：中央労働災害防止協会
　　　中国四国安全衛生サービスセンター
協力：一般社団法人 鳥取県労働基準協会
　　　一般社団法人 島根労働基準協会
　　　一般社団法人 岡山県労働基準協会
　　　公益社団法人 広島県労働基準協会
　　　一般社団法人 山口県労働基準協会
　　　一般社団法人 徳島県労働基準協会連合会
　　　一般社団法人 香川労働基準協会
　　　公益社団法人 愛媛労働基準協会
　　　一般社団法人 高知県労働基準協会連合会

別紙（参考）

別添資料

三旗掲げかえ運動の趣旨

① 三旗の知名度

	安全旗	労働衛生旗	安全衛生旗
見たことがある	80～100%	0～数名	50～60%
旗の名前を言える	10～20%	1～2名	5～10%

・各講演会時に中災防管理士が三旗の現物を提示しての挙手方法による。
・旗の名前として質問しても、安全旗をただ「りょくじゅうじ」（マーク）と呼称する者、あるいは誤って「みどりじゅうじ」と発音する者が多い。
・出席対象者によってこれらの数値は変化する。

② 三旗掲げかえ運動の目的

重篤な労働災害が発生すると、貴重な人材“一人一人かけがえのない人”を失うこととなり、企業経営にとっても大きなマイナス要素となります。労働災害を食い止めるためには、教育活動、講演、危険予知訓練、作業環境測定などの計画的かつ継続的活動が不可欠です。

しかし、主要な労働安全衛生活動のひとつである**三旗の活用方法や安全週間準備期間及び本週間、労働衛生週間準備期間及び本週間の開催時期は知られていない場合があります。**人間は五感の「見ると聞く」で、大半の情報を収集することから、三旗の掲げかえを通して毎年の安全週間や労働衛生週間を「見ると聞く」で再認識していただき、**三旗も重要な労働災害防止のツールであることを関係者に周知し、計画的かつ継続的な労働災害防止活動に役立てていただくことを目的とします。**

③ 三旗掲げかえ運動開始と掲げる期間

運動開始時期　平成21年度4月よりスタートし以後毎年繰り返す
安　全　旗　　6月1日～6月30日＆7月1日～7月7日
労働衛生旗　　9月1日～9月30日＆10月1日～10月7日
安全衛生旗　　上記以外の期間

④ 三旗掲げかえ運動の方法

・三旗を掲げかえる担当者を決める。
・上記③に示した期間に三旗を会社のポール、会議など複数の人が集まる場所に掲げかえる。
・三旗を掲げかえたら参考資料を基に、必ず朝礼などで安全週間準備期間及び本週間、労働衛生週間準備期間及び本週間になった旨を全員に周知する。
・各週間の実施要綱などを関係者に周知し、労働災害防止活動の基礎とする。
・参考資料などを基にして、三旗の持つ意味を周知する。

⑤ 三旗掲げかえ運動に望まれる効果

労働災害防止活動の新たな切り口として活用できる。
・最先端で仕事をしている方たちに対しても三旗の重要性が理解される。
・三旗の掲げかえを行うことで、事業場内の管理体制を動かすことのツールの一つにできる。
・三旗が労働災害防止のツールであることが理解される。
・安全週間準備期間及び本週間、労働衛生週間準備期間及び本週間のより一層の効果が期待できる。等々

⑥ 三旗（安全旗・労働衛生旗・安全衛生旗）をお持ちでない方

・地元の労働基準協会（連合会）やその支部（地区協会）、中災防中国四国安全衛生サービスセンターなどで購入できます。
・必要な方は最後の申込用紙を活用ください。

⑦ お問合せ先

中災防中四国センター　電話082-238-4707

参考資料

三旗（安全旗、労働衛生旗、安全衛生旗）について

安全旗

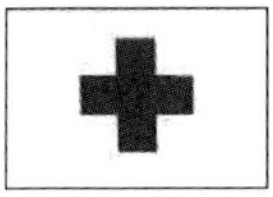

初の安全週間のシンボルマークとして大正８年に提案され、昭和２年10月の内務省社会局全国工場監督官主任会議の席上で国としても安全運動のシンボルマークとすることが了承され、広く安全週間など安全に関する行事の際に掲揚されるようになりました。十字は、西洋では仁愛を意味し、東洋では福徳の集まるところを意味するそうです。安全旗は縦（A）：横（B）＝１：１．５。十字の一辺は１／５A。白地に、十字の色は緑色（色見本はCF0282またはDIC638）です。

労働衛生旗

衛生管理者制度が発足し、全国労働衛生週間が催され労働衛生活動が活発になってきた昭和20年代の後半に、衛生管理者の中から労働衛生を象徴するマークを求める声が出て、昭和28年労働省が公募をして緑地に白十字を中央に配した労働衛生を象徴する旗が制定されました。その後、全国労働衛生週間など衛生に関する行事の際に掲揚されるようになりました。縦横の寸法比率などについては、安全旗同様です。

安全衛生旗

昭和30年頃から、安全と労働衛生は密接な関係にあるものとの考えが強調されるようになり、中央労働災害防止協会が公募をし、安全と衛生を一体のものとして強力に推進するためのシンボルマークとして、昭和40年に安全衛生旗が制定されました。縦横の寸法比率と色については安全旗同様で、白十字の一辺は１／３A、緑十字の一辺は１／５Aです。

全国安全週間

大正８年に当時の東京市で開催された安全週間の輪が年々広がり、昭和２年10月２日から１週間、１道３府21県連合工場安全週間が開催された。この連合安全週間は、この種の運動を広域的実施しようとする気運を盛り上げ、11月には九州一円と山口県の連合安全デー、福島鉱山監督局管内の鉱山安全デー、12月には海軍所属の全鉱山、専売局所属の全事業所での安全週間などが開催された。そして、翌年には全国的に足並みをそろえ実施されることとなり、ここに全国統一の「全国安全週間」が昭和３年７月２日～７日（昭和６年の第４回からは７月１日～７日）の間「一致協力して怪我や病気を追拂ひませう」の標語（労働衛生を含めた運動であったようである）のもとに繰り広げられ、今日に至っている。

全国労働衛生週間

第二次世界大戦後、安全週間とは別に労働衛生週間を行うべきとの関係者から意見が出され、主唱母体の労働省は昭和25年に安全週間から分離した形で、全国労働衛生週間が実施された。最初の開催期間は10月10日から１週間だったが、第２回目からは10月１日から１週間となった。

全国安全週間＆全国労働衛生週間の取り組みについて

各週間には「全国安全週間実施要綱」「全国労働衛生週間実施要綱」が示されており、これらを参考に各週間が取り組まれている。詳細については中央労働災害防止協会発行の「安全の指標」「労働衛生のしおり」などを参照してください。

参考文献

「新・産業安全ハンドブック」「安全衛生運動史　安全専一から100年」「安全衛生用語辞典」「安全衛生手帳」「安全の指標」「労働衛生のしおり」（いずれも中央労働災害防止協会）

別紙（参考）

三旗申込書

申込日　　令和　　年　　月　　日

＜お申込み先＞

申込ＦＡＸ№		申込ＦＡＸ№
ＦＡＸ（　　-　　-　　）		ＦＡＸ（082 - 238 - 4716）
労働基準協会（連合会） 支部（地区協会）行き	or	中災防　中四国センター　行き

＜お届け先＞

会社名

住所　〒

部課名　　　　　　　　　　担当者

電話番号

旗別	No.	種別	定価（本体価格＋税10%）	枚数	金額（円）
安全衛生旗	41111	綿（特大）	3,630円（本体3,300円）		
	41112	綿（大）	2,200円（本体2,000円）		
	41113	綿（中）	1,540円（本体1,400円）		
	41114	綿（小）	1,210円（本体1,100円）		
	41146	アクリル生地（バンディング・大）	6,270円（本体5,700円）		
	41145	アクリル生地（バンディング・中）	4,730円（本体4,300円）		
	41147	アクリル生地（バンディング・小）	3,361円（本体3,056円）		
安全旗	41211	綿（特大）	3,080円（本体2,800円）		
	41212	綿（大）	1,804円（本体1,640円）		
	41213	綿（中）	1,320円（本体1,200円）		
	41214	綿（小）	990円（本体900円）		
労働衛生旗	41312	綿（大）	2,200円（本体2,000円）		
	41313	綿（中）	1,540円（本体1,400円）		
	41314	綿（小）	1,210円（本体1,100円）		

旗サイズ（共通）			
種類	サイズ（m）	種類	サイズ（m）
特大	1.40×2.10	アクリル生地バンディング・大	1.00×1.50
大	1.04×1.56	アクリル生地バンディング・中	0.90×1.35
中	0.86×1.29	アクリル生地バンディング・小	0.70×1.05
小	0.70×1.05		

お願い：定価は令和２年10月のものです。発注していただく場合は、お近くの労働基準協会（連合会）、中災防の安全衛生サービスセンター、ホームページなどで在庫も含めご確認下さい。

■著者略歴■

山岡 和寿（やまおか・かずとし）

中央労働災害防止協会 安全衛生エキスパート
1954（昭和29）年生まれ。
1976（昭和51）年近畿大学工学部工業化学科卒業。同年中央労働災害防止協会に就職後、作業環境測定士、管理士として安全衛生に携わり、主任技術員、中国四国安全衛生サービスセンター四国支所長、同センター副所長、同所長を務め、2020（令和２）年３月に退職。現在に至る。

心にひびく安全心得
失敗から学ぶ安全

令和２年10月21日　第１版第１刷発行
令和４年６月28日　　　　第２刷発行

著　者　山岡　和寿
発行者　平山　　剛
発行所　中央労働災害防止協会
東京都港区芝浦 3-17-12　吾妻ビル９階
〒１０８－００２３
電話　販売　０３（３４５２）６４０１
　　　編集　０３（３４５２）６２０９

印刷・製本　㈱丸井工文社
表紙デザイン　デザインコンドウ
イラスト　平松ひろし（ワークス）

ISBN978-4-8059-1954-5　C3060
中災防ホームページ　https://www.jisha.or.jp